園だより・クラスだよりが楽しくなる

すぐに役立つ
目的別INDEXつき

イラストコレクション

グループこんぺいと 編著

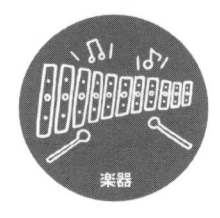

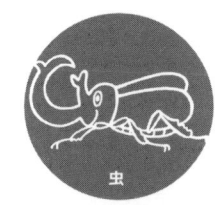

BEST 1198

園庭　遊具　道具
楽器　持ち物　動物
恐竜・鳥　虫　水の中の生き物　植物　乗り物
お話　食材　お誕生日　お知らせ　暑中見舞い
クリスマス　年賀状　カレンダー　案内デザイン文字　月別4〜3月

黎明書房

もくじ

はじめに・本書の使い方 ・・・・・・・・・・・・・・ 4
シンボルマーク大集合 ・・・・・・・・・・・・・・・ 5
　園庭の遊具 ・・・・・・・・・・・・・・・・・・・ 6
　体育用具 ・・・・・・・・・・・・・・・・・・・・ 8
　室内遊具① ・・・・・・・・・・・・・・・・・・・ 10
　室内遊具② ・・・・・・・・・・・・・・・・・・・ 12
　道具 ・・・・・・・・・・・・・・・・・・・・・・ 14
　子どもの持ち物 ・・・・・・・・・・・・・・・・・ 16
　楽器 ・・・・・・・・・・・・・・・・・・・・・・ 18
　案内板 ・・・・・・・・・・・・・・・・・・・・・ 20
イラスト講座 part1 ・・・・・・・・・・・・・・・・ 22
子どもの好きなもの、大集合 ・・・・・・・・・・・・ 23
　動物 ・・・・・・・・・・・・・・・・・・・・・・ 24
　鳥＆恐竜 ・・・・・・・・・・・・・・・・・・・・ 26
　身近な生き物① ・・・・・・・・・・・・・・・・・ 28
　身近な生き物② ・・・・・・・・・・・・・・・・・ 30
　植物＆花 ・・・・・・・・・・・・・・・・・・・・ 32
　乗り物 ・・・・・・・・・・・・・・・・・・・・・ 34
　お話の登場人物 ・・・・・・・・・・・・・・・・・ 36
　食材① ・・・・・・・・・・・・・・・・・・・・・ 38
　食材② ・・・・・・・・・・・・・・・・・・・・・ 40
　メニュー ・・・・・・・・・・・・・・・・・・・・ 42
イラスト講座 part 2 ・・・・・・・・・・・・・・・・ 44

コミュニケーションを深めるメッセージカード・・・・・45
- 誕生カード・・・・・46
- メッセージカード・・・・・48
- 暑中見舞い・・・・・50
- クリスマスカード・・・・・52
- 年賀状・・・・・54
- カレンダー・・・・・56
- デザイン文字①・・・・・58
- デザイン文字②・・・・・60

イラスト講座 part 3 ・・・・・62

季節感あふれる月別イラスト・・・・・63
- 4月・・・・・64
- 5月・・・・・66
- 6月・・・・・68
- 7月・・・・・70
- 8月・・・・・72
- 9月・・・・・74
- 10月・・・・・76
- 11月・・・・・78
- 12月・・・・・80
- 1月・・・・・82
- 2月・・・・・84
- 3月・・・・・86

イラスト講座 part 4.5.6.7 ・・・・・88

イラストレーター紹介・・・・・94

はじめに

　　　毎日の保育にがんばっている先生たちへ

子どもに絵を描いて見せたり、おたよりを作ったりする時に、イラストを必要とする場面がたくさん出てきます。すべり台の絵が必要、クラスだよりに季節感を出したい、「カブトムシかいて」って言われたけれど、どうしよう･･･。そんな時は、この本を開いてください。探しているイラストがきっと見つかります。毎日が忙しくすぎていく中、イラスト探しに時間をとられるのはもったいない。現場のみなさんにすぐ役立つよう、さまざまなシチュエーション別のイラストを、使いやすいようにまとめてお届けします。

もうちょっと自分でも描けたらいいな、という保育者のために、イラスト講座も用意しました。

本書の使い方

必ずお読みください。

本書に掲載の全てのイラストは教育現場で使用するためのものです。
営利目的での無断複製は著作権侵害となります。
掲載されているイラストは営利を目的としない幼稚園、保育園の園だより、新聞、カレンダー等、また個人の葉書、年賀状、クリスマスカード等に自由に使用することができます。
ただし、企業の商品広告、マーク、キャラクター等に使用する場合、また園児募集のためのポスター、園バス、園の商品等に印刷、販売する場合は著作権者の許可が必要です。

シンボルマーク大集合

園にあるもの、子どもの身の回りのものをたくさん集めました。
保育者に聞かなくても、いろんな道具の場所がわかって、すぐに片づけられることは大切な習慣です。ここでは園内にある道具、器具、遊具などを、子どもも大人も、楽しくひと目見てわかるようなシンボルマークにしました。

園庭の遊具

園内探検の地図作りにも役立つ

●すべり台　　●ログハウス　　●砂場

●ジャングルジム　　●鉄棒　　●たいこ橋

園庭の遊具

●ビオトープ　　●アスレチック　　●クライミング

体育用具

なにができたかな？　がんばりカードにも使える

- とび箱
- 平均台
- マット
- なわとび
- フープ
- ボール

体育用具

●一輪車　　●竹馬　　●缶ポックリ

●プール

室内遊具①

どこに戻せばいいのかな？　お片づけの目印にも

●積み木

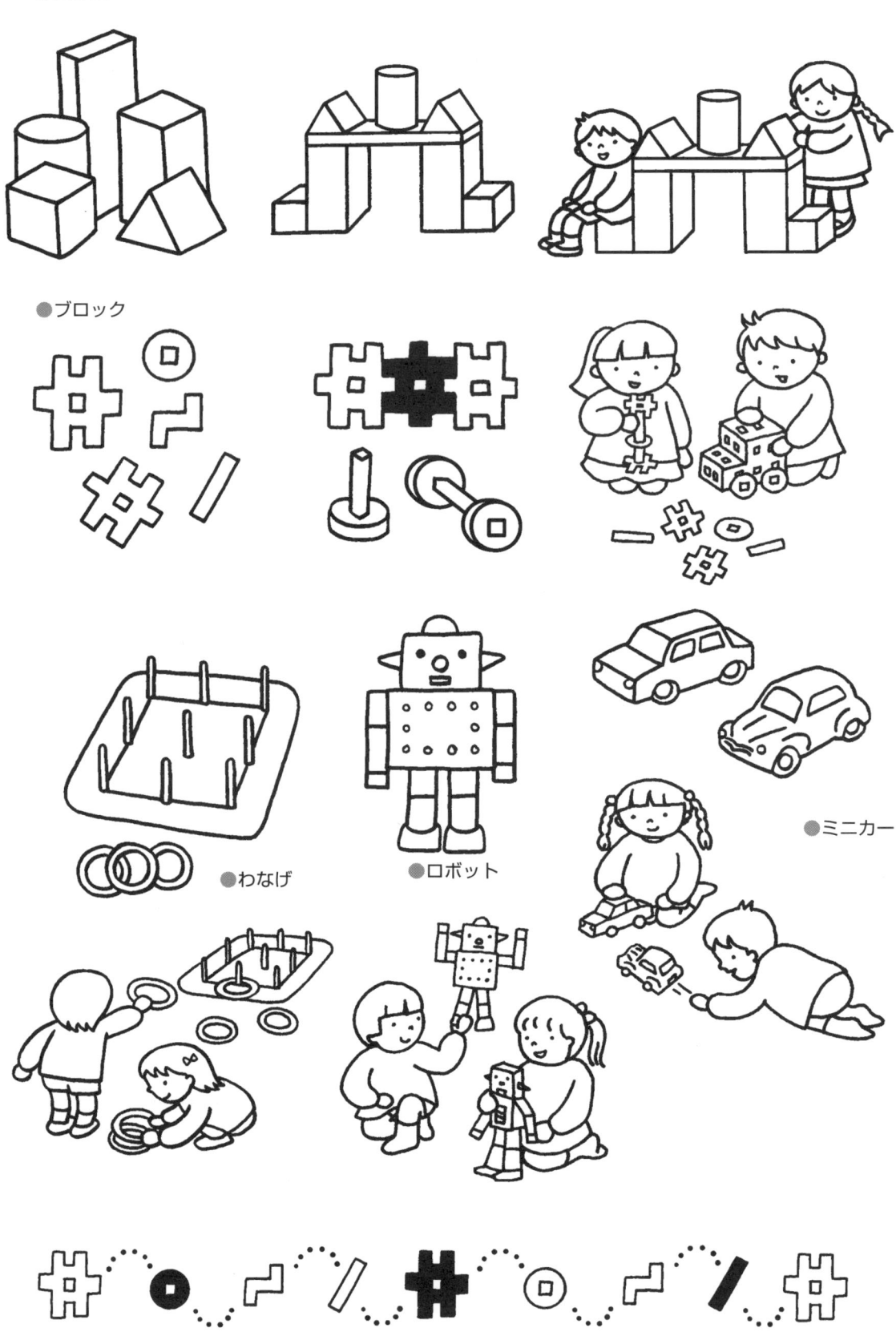

●ブロック

●わなげ　●ロボット　●ミニカー

室内遊具

●きしゃ

●パペット　　●長なわとび　　●CD

●ふとん

室内遊具②

どこに戻せばいいのかな？　お片づけの目印にも

● ままごとセット

● ガスレンジ

● アイロン

● 冷蔵庫

● 人形

●絵本

●紙芝居

●テーブルとイス

●折り紙

室内遊具

道具

なにがどこにあるのか、一目瞭然に

- ハサミ
- のり
- クレヨン
- 絵の具
- セロハンテープ
- 鉛筆削り
- 鉛筆・サインペン
- ホチキス
- ねんど
- スケッチブック
- リボン
- テープ

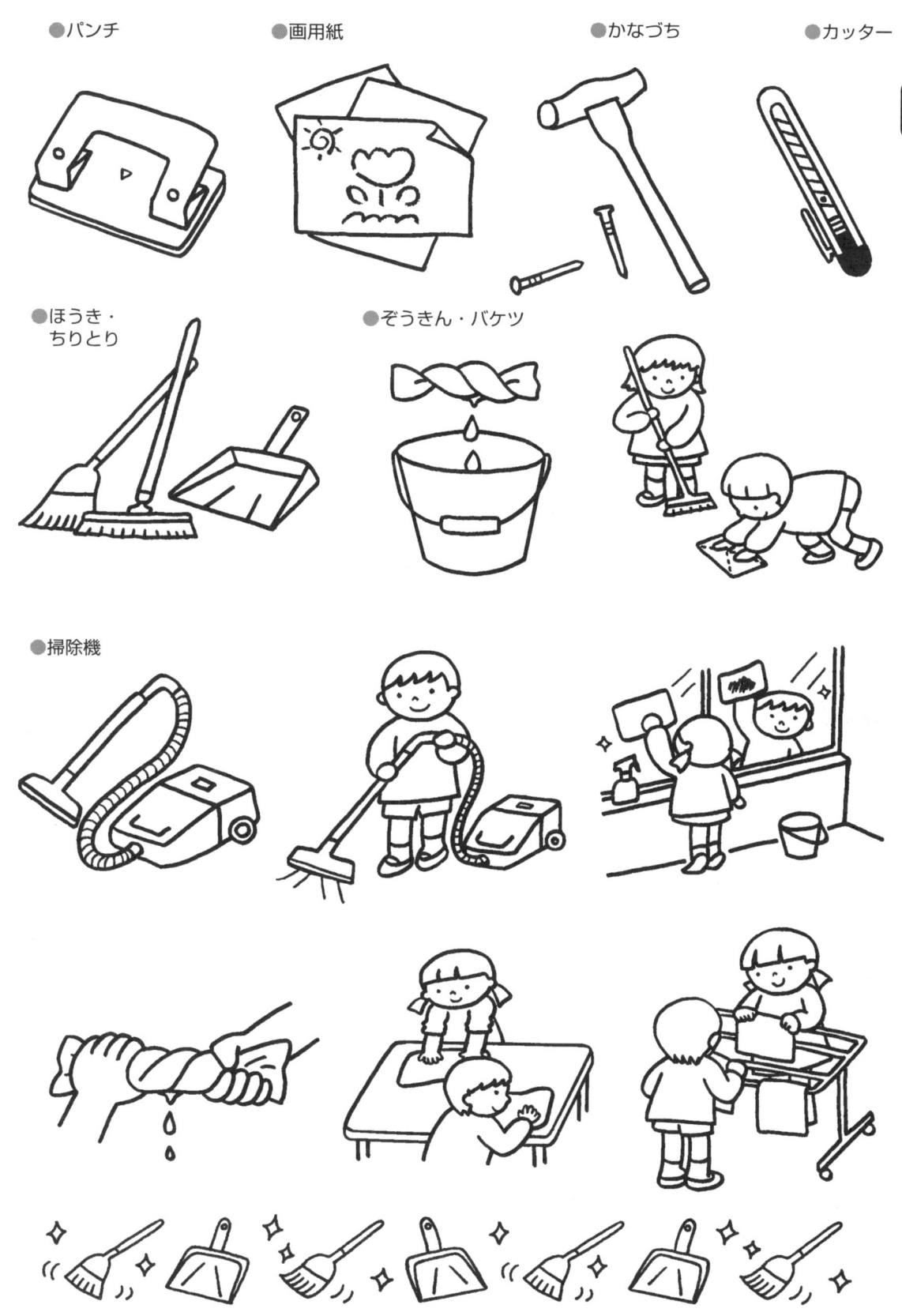

- ●パンチ
- ●画用紙
- ●かなづち
- ●カッター
- ●ほうき・ちりとり
- ●ぞうきん・バケツ
- ●掃除機

道具

子どもの持ち物

手順よく着替えや片づけができるように
ガイドするために

- 帽子
- かばん
- うわばき入れ
- 手さげ袋
- うわばき
- くつ
- 長ぐつ
- かさ
- レインコート
- 下着
- 紙おむつ
- くつ下
- タオル
- 歯ブラシ
- コップ
- フォーク・スプーン・はし
- おたより帳
- 弁当
- ハンカチ・ティッシュ
- リュックサック

●制服　　　　　　　　　　●普段着

●体操服　　　　　　　　　●エプロン

子どもの持ち物

楽器　ていねいに片づけられるように

- カスタネット
- タンバリン
- すず
- トライアングル
- ハーモニカ
- 鍵盤ハーモニカ
- シンバル
- 木琴
- 大太鼓
- 小太鼓

●和太鼓　　　　　　　　　　●ハンドベル

●アコーディオン　　　　　　●キーボード

●ピアノ　　　　　　　　　　●ギター

楽器

案内板 園生活を楽しくするために

- せんせいのへや
- ちょうりしつ
- トイレ・おんなのこ
- トイレ・おとこのこ
- えほんのコーナー
- プレイルーム

てをあらいましょう	 はをみがきましょう

案内板

はしってはいけません	 はいってはいけません

あいさつをしましょう	 とびださないで！

イラスト講座 Part 1 楽しく簡単にイラストや文字をかくコツ

同じ文字でも画材をかえるだけで、こんなにイメージが変わります。どんな仕上がりにしたいのかを決めて、なにを使うか、選びましょう。

画材	見本	特徴
＜クレヨン＞	ありがとう	やわらかい感じに。
＜クレヨンと綿棒＞	ありがとう	ぼわっとした感じに。
＜水性マーカー＞	ありがとう	はっきり見やすく。
＜幅の広いペン＞	ありがとう	文字にニュアンスを。
＜油性ペン＞	ありがとう	どんな素材にも。
＜色えんぴつ＞	ありがとう	カラフルに細かく。
＜ふでペン＞	ありがとう	流れのある感じで。
＜パステル＞	ありがとう	微妙な色合いで。

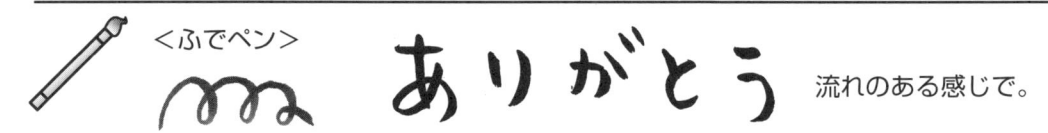

大きな画材屋さんや、手芸店などをのぞいてみましょう。使ったことのない画材に出会えるかもしれません。

子どもの好きなもの、大集合

子どもに大人気の、昆虫・乗り物・食べ物などを集めました。「先生、かいて」のリクエストに応えたり、教材を作ったり、カードにしたり、使う場面がたくさんあるイラストです。コピーしてストックしておけば、ぬり絵にしたり切り抜いたり、あそび道具にもなります。

動物

カードやお面、いろいろ使える

お面にしよう。

拡大コピーをして、色をぬったらすぐにお面になります。歌やお話にあわせて作り、雰囲気を盛り上げましょう。

関連曲とお話　たとえばこんな曲を

- イヌ ----- ♪犬のおまわりさん
- ネコ ----- ♪ニャニュニョのてんきよほう
- ウサギ ----- 『うさぎとかめ』
- キリン ----- ♪きりんさん
- ブタ ----- 『三匹のこぶた』
- サル ----- ♪アイアイ　『さるかに合戦』
- オオカミ -- 『赤ずきん』
- ヤギ ----- 『オオカミと七匹の子ヤギ』
  　　　　　♪やぎさんゆうびん
- ネズミ ----- 『ねずみのすもう』
- ウマ ----- ♪おんまはみんな
- シマウマ --- ♪しまうまグルグル
- リス ----- ♪コンコンクシャンのうた
- パンダ ----- ♪パンダうさぎコアラ

動物

鳥 & 恐竜

ぬり絵にカードに、シンボルマークに

- スズメ
- カラス
- ハト
- インコ
- ニワトリ
- ヒヨコ
- ハクチョウ
- ツル
- アヒル
- カモメ
- ペンギン
- カルガモ

●ステゴサウルス　　　　　　　　●トリケラトプス

●ティラノサウルス 　　　　　　　●ブラキオサウルス

●「恐竜」を漫画風に、簡単なマーク風に。

身近な生き物①　どこにいるのかな？　探してみよう

- カブトムシ（成虫）
（幼虫）
（さなぎ）
- トンボ　（ヤゴ）
- テントウムシ
- アゲハチョウ
- セミ
- モンシロチョウ
- クワガタ

●バッタ ●ダンゴムシ

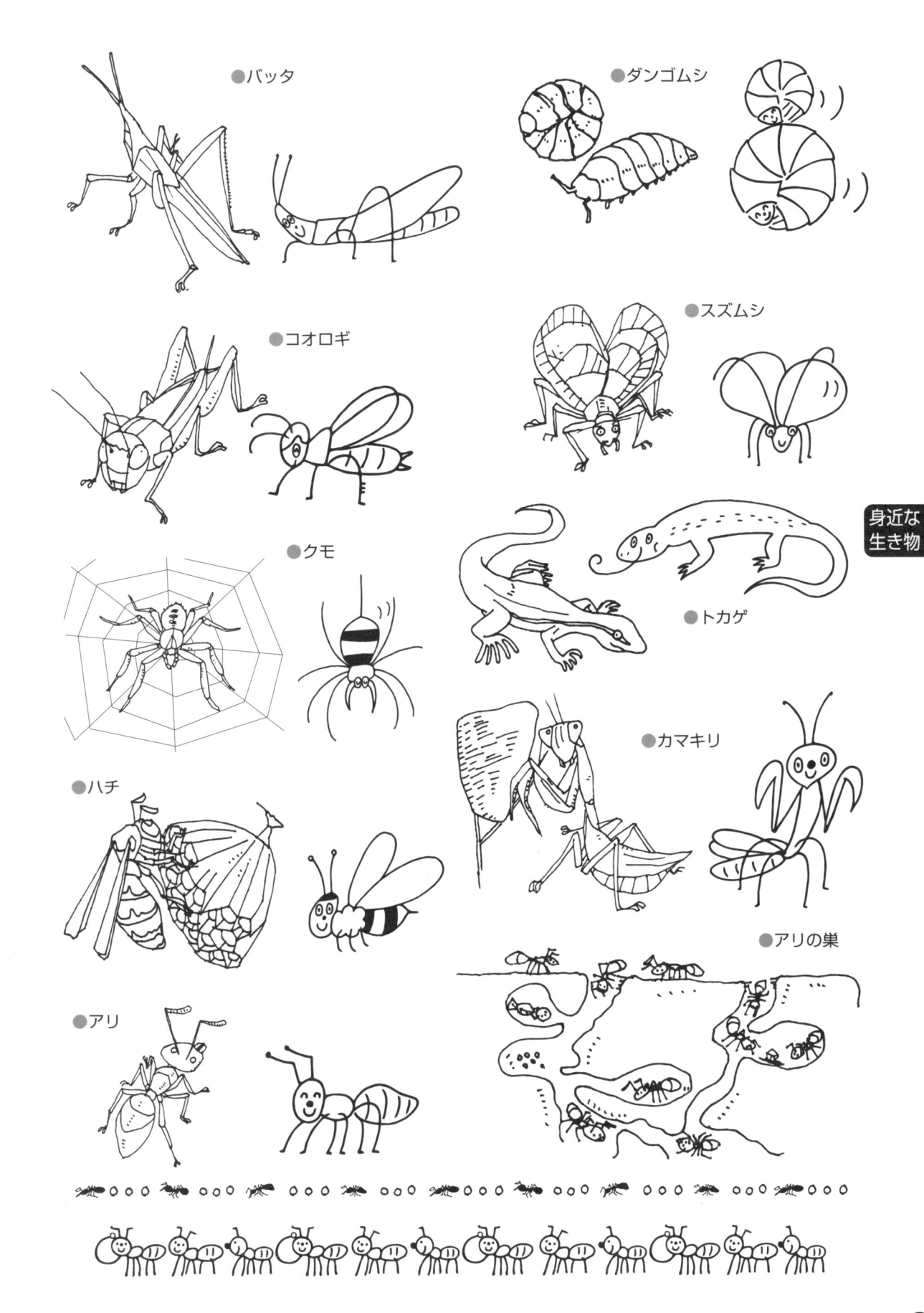

●コオロギ ●スズムシ

●クモ

●トカゲ

●ハチ ●カマキリ

●アリ ●アリの巣

身近な生き物

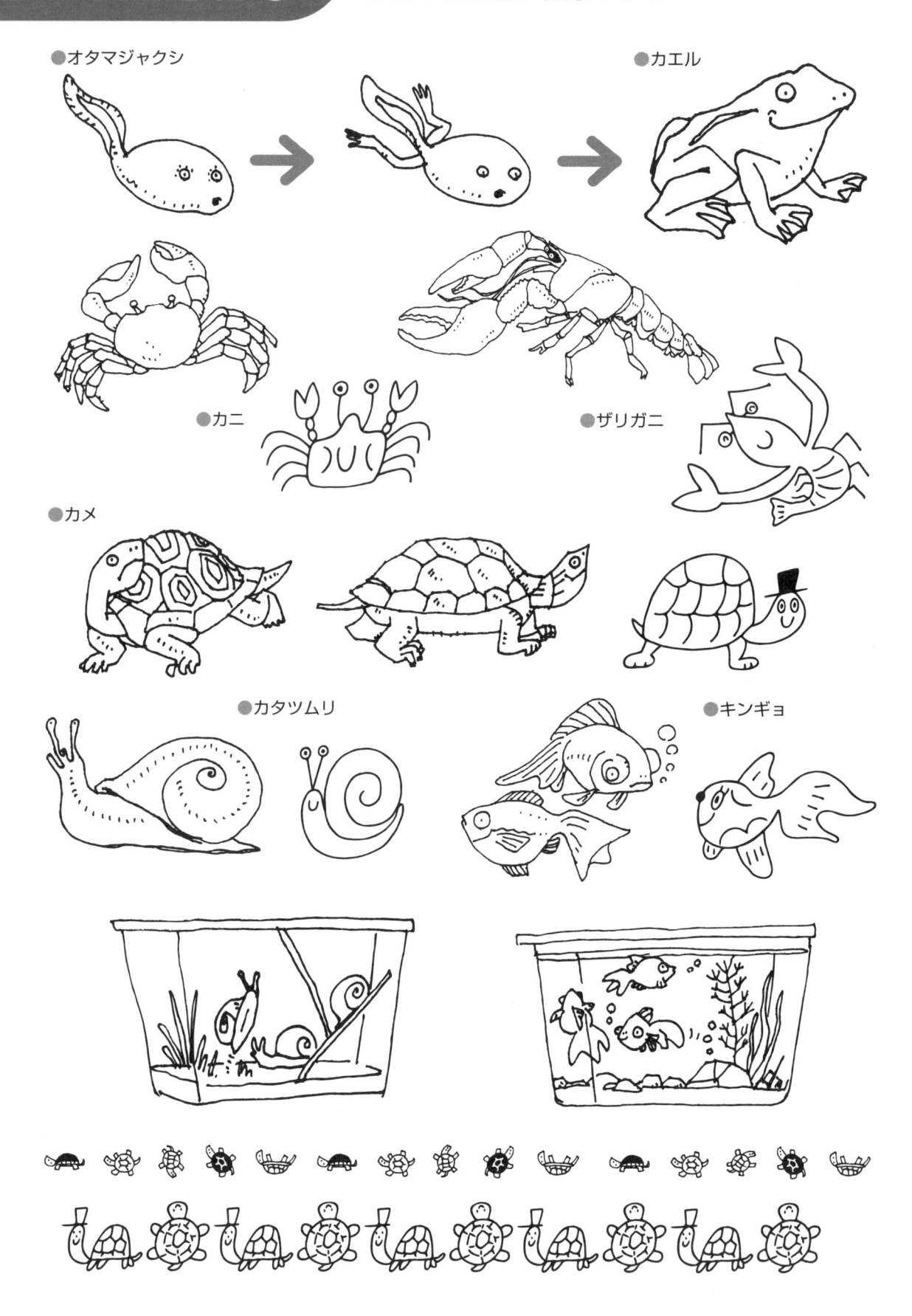

身近な生き物② 水辺の生き物、観察しよう

- オタマジャクシ
- カエル
- カニ
- ザリガニ
- カメ
- カタツムリ
- キンギョ

●メダカ

●タニシ

●ドジョウ

●フナ

●アメンボ

身近な生き物

植物&花 　種から花が咲くまで

●アサガオ

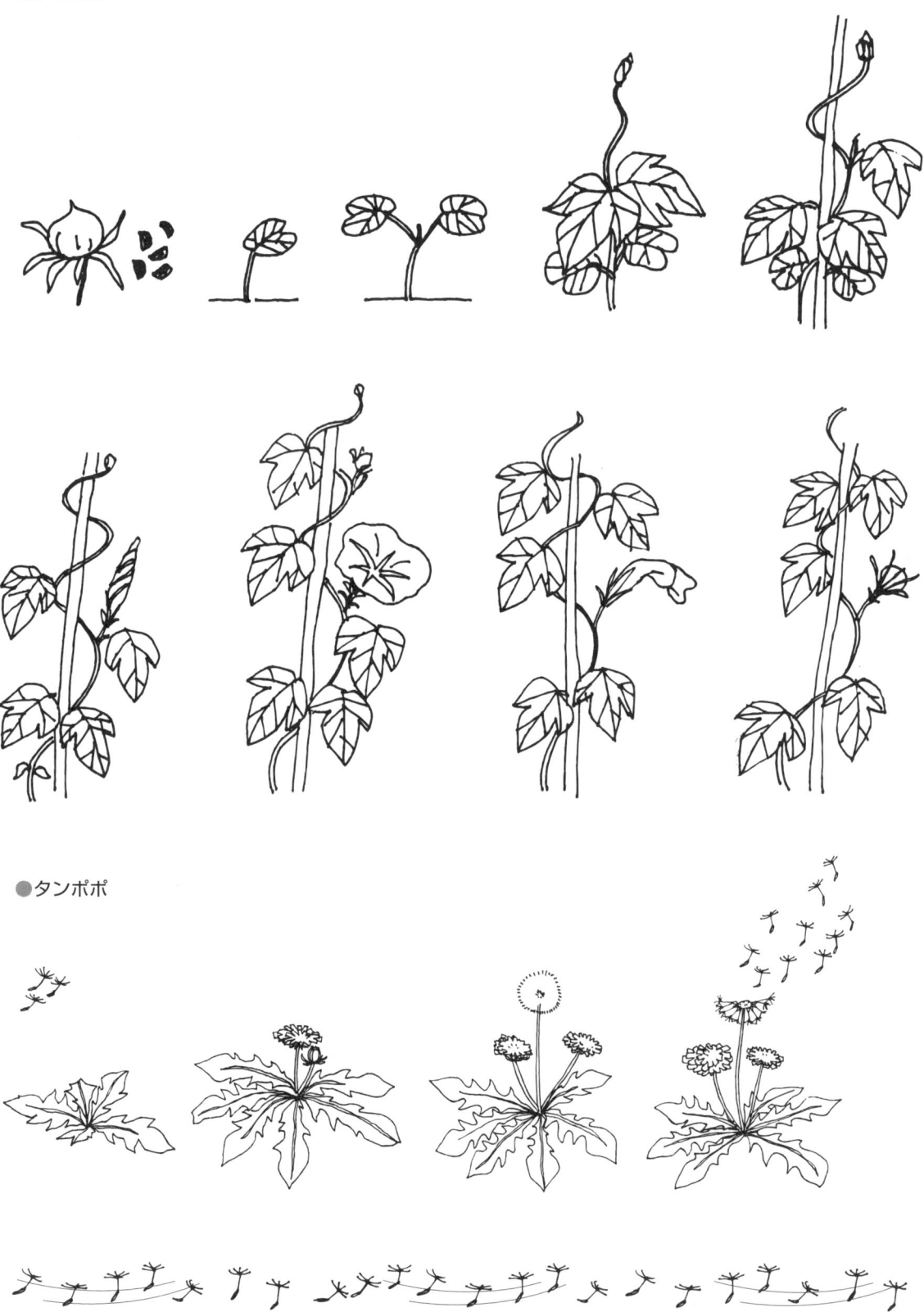

●タンポポ

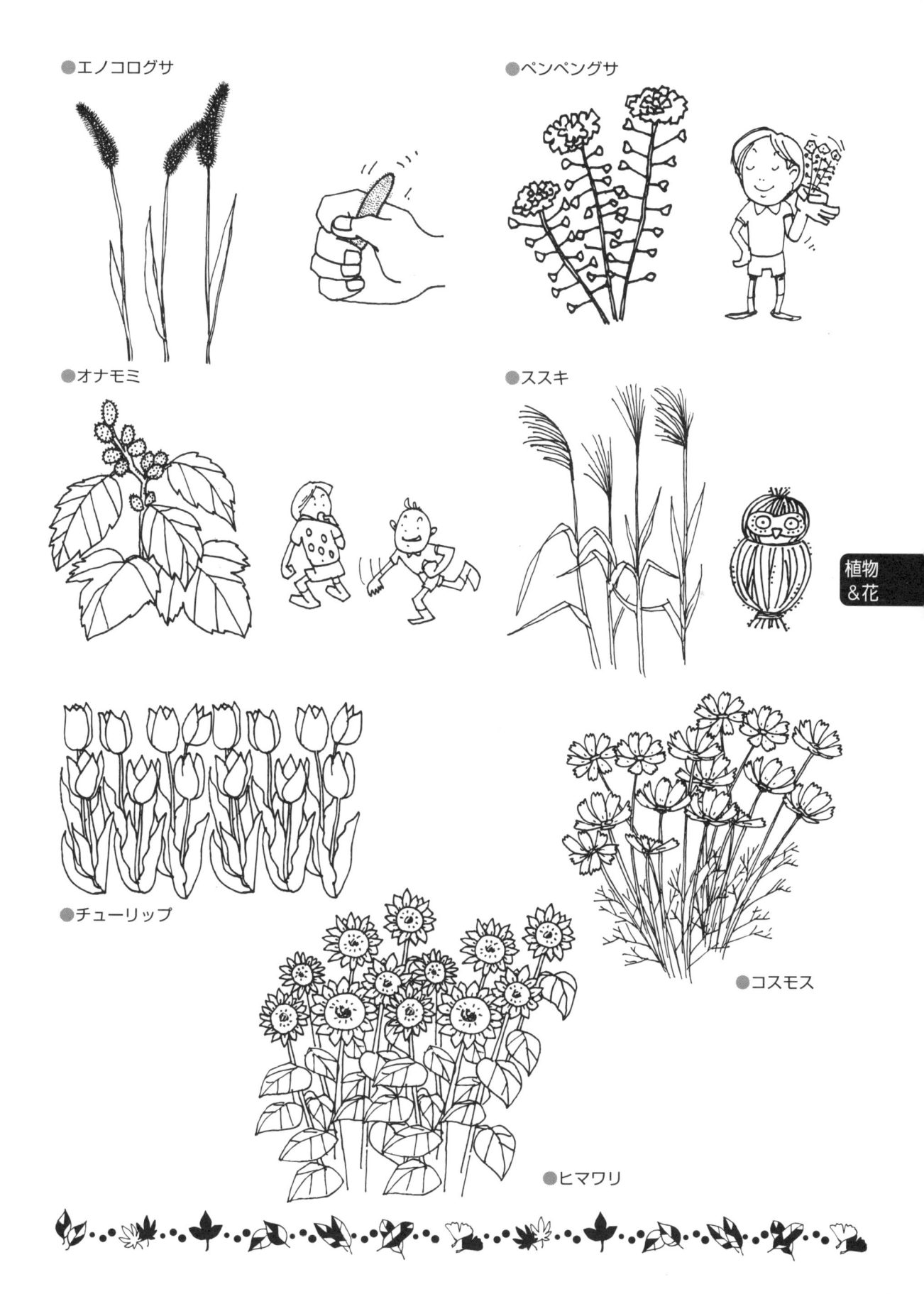

- エノコログサ
- ペンペングサ
- オナモミ
- ススキ
- チューリップ
- コスモス
- ヒマワリ

植物&花

乗り物

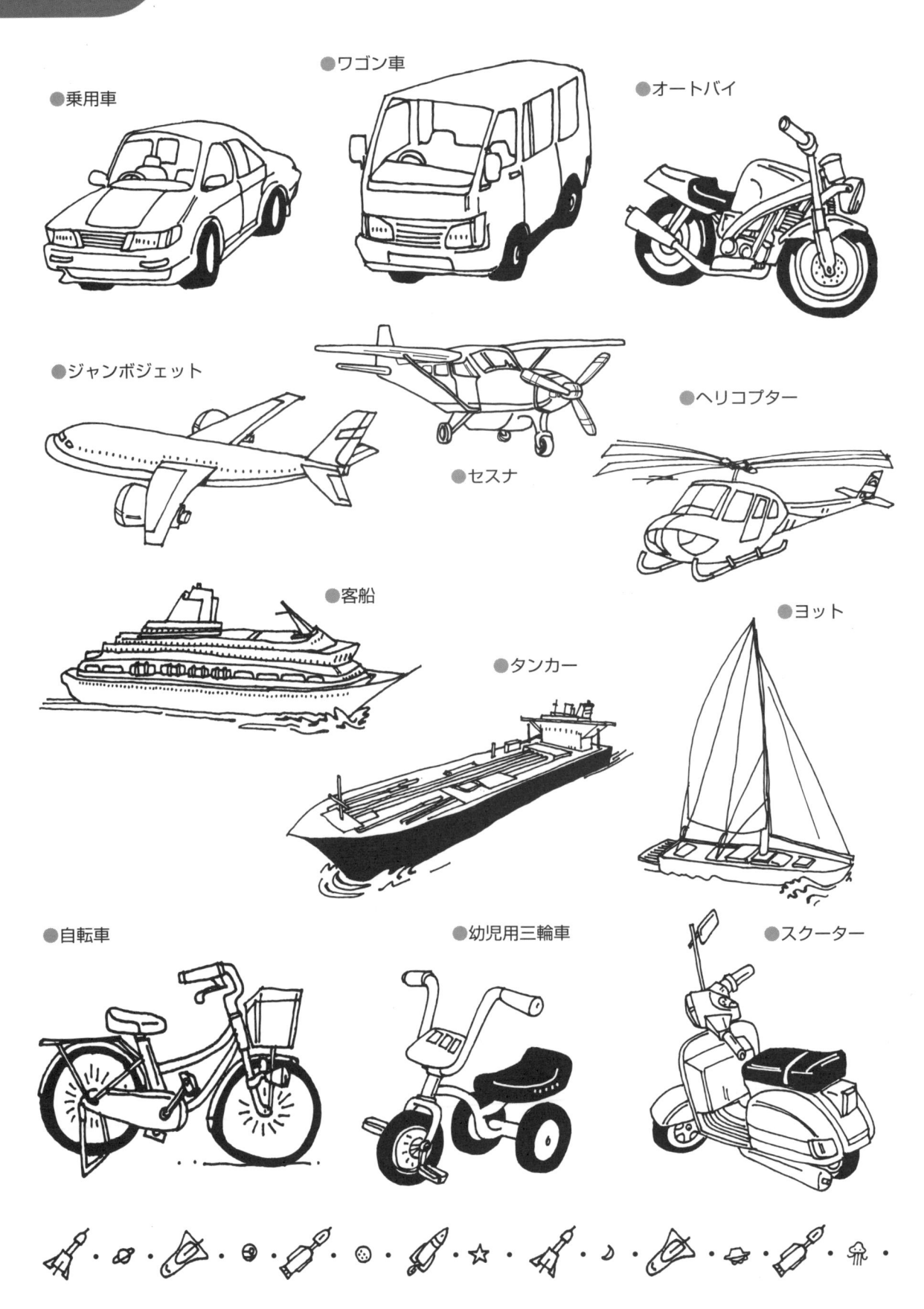

あこがれの乗り物、大集合

- 乗用車
- ワゴン車
- オートバイ
- ジャンボジェット
- セスナ
- ヘリコプター
- 客船
- タンカー
- ヨット
- 自転車
- 幼児用三輪車
- スクーター

●パトカー

●ゴミ収集車

●救急車

●消防車（ポンプ）

●タクシー

●消防車（ハシゴ）

●コンクリートミキサー車

●クレーン車

●ショベルカー

●大型トラック

●路線バス

●ダンプカー

乗り物

お話の登場人物

切って貼り合わせるだけでペープサートのできあがり

作り方
①適当な大きさに拡大コピーする。
②枠で切り取る。
③中に棒（わりばし等）をテープでつけ、前後2枚を貼り合わせる。
④色をつけて、できあがり。

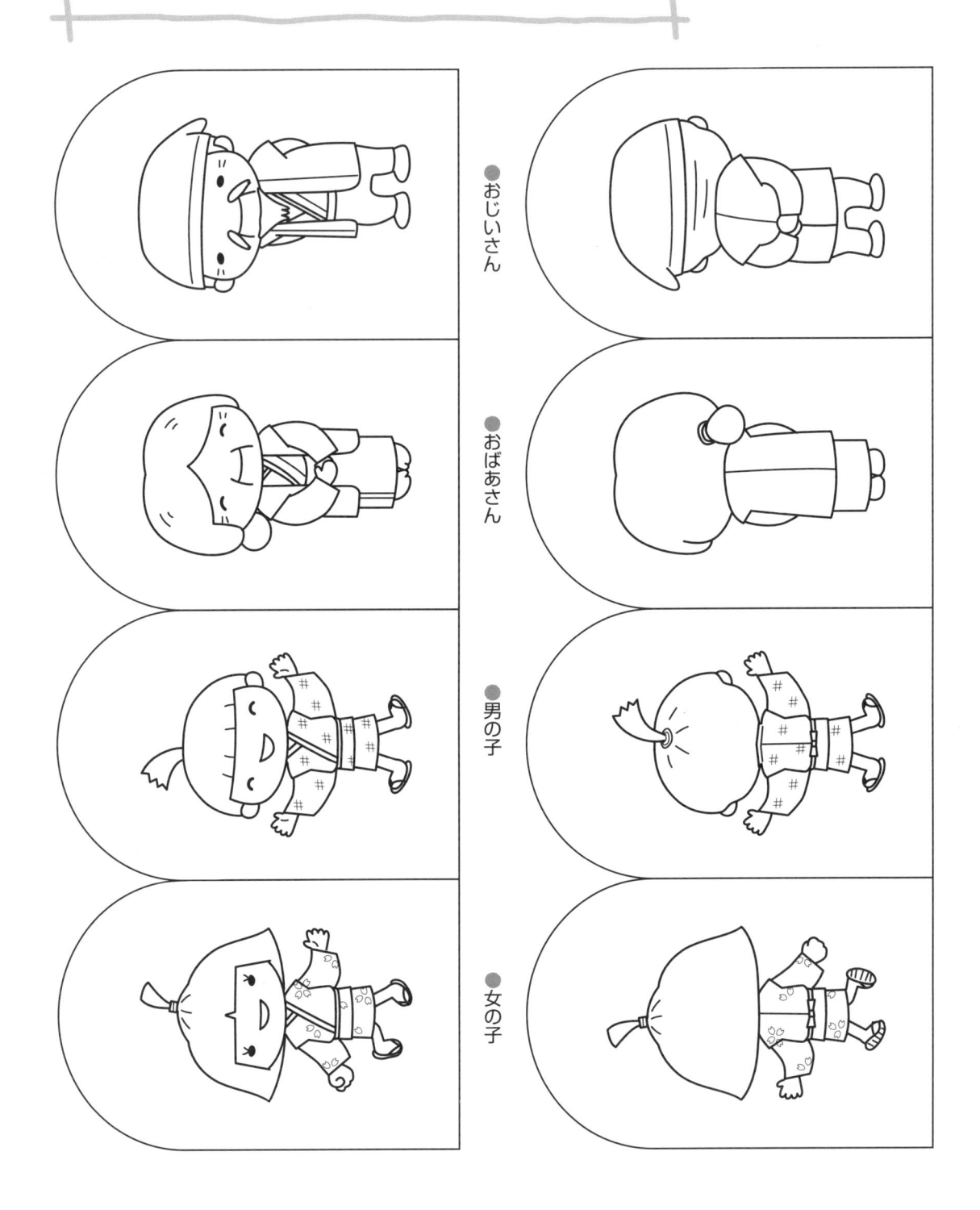

- おじいさん
- おばあさん
- 男の子
- 女の子

- 魔法使い
- 王子さま
- お姫さま
- 殿
- 姫

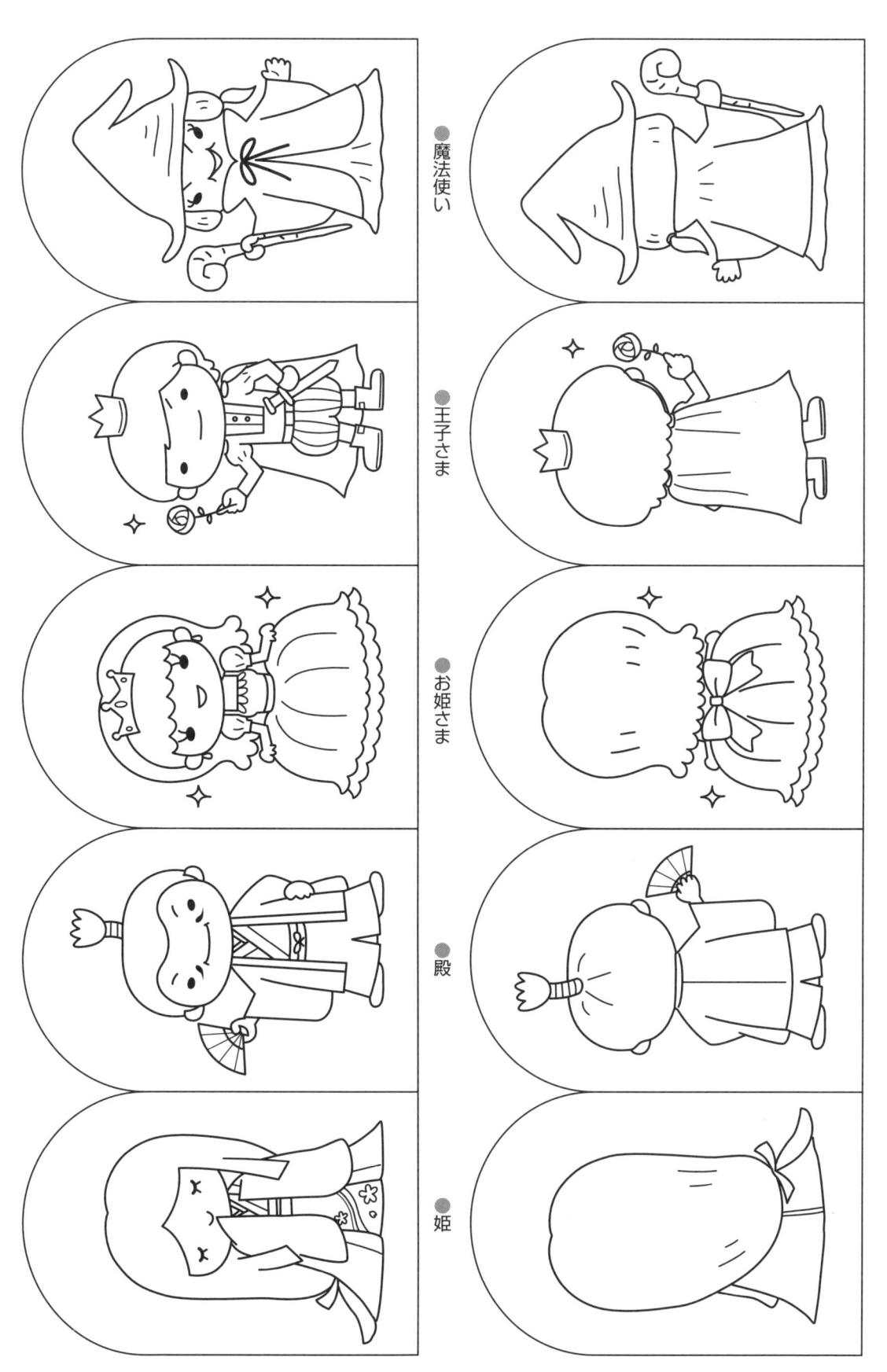

お話の登場人物

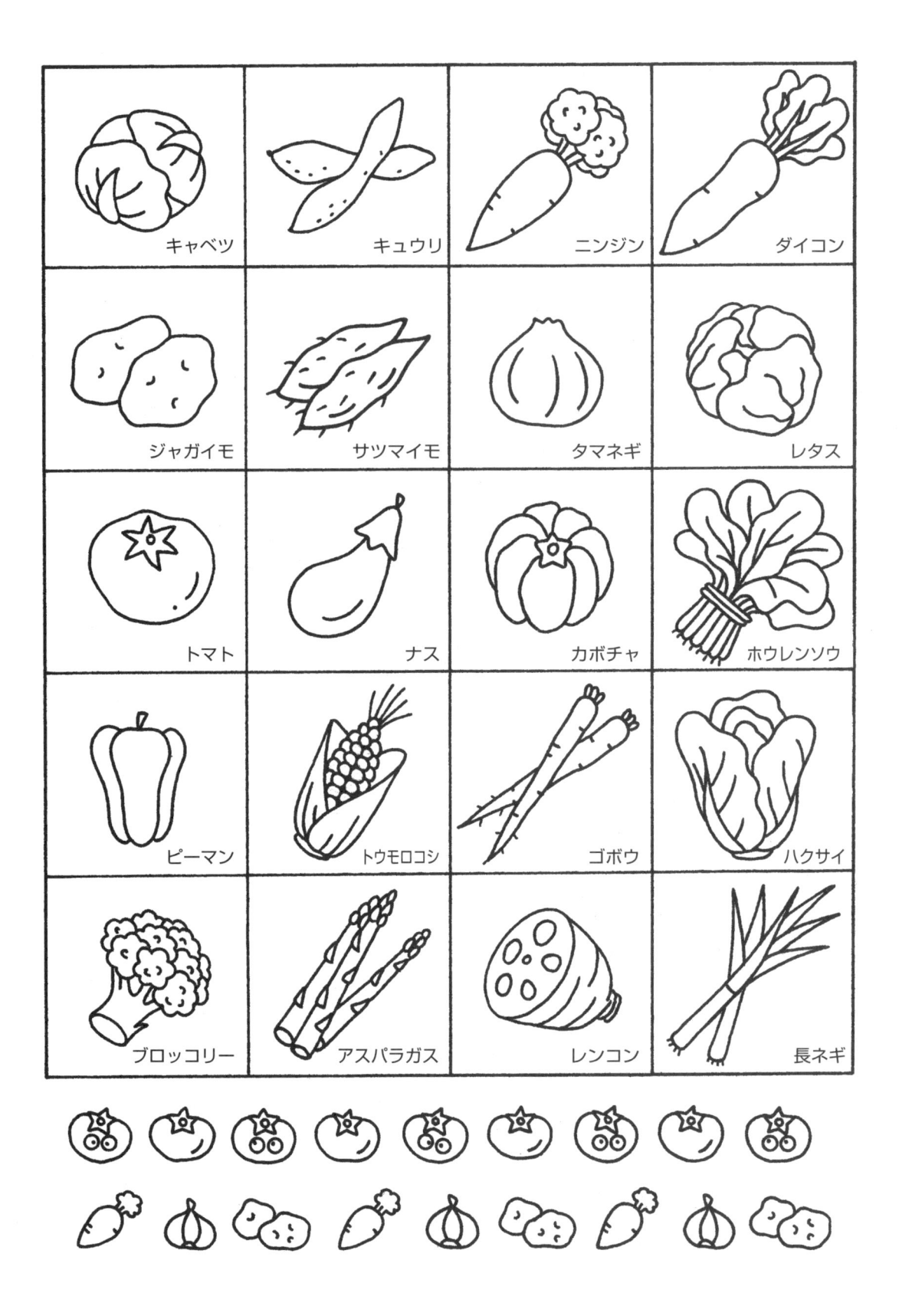

食材①　食べ物カードに、お店やさんごっこに

キャベツ	キュウリ	ニンジン	ダイコン
ジャガイモ	サツマイモ	タマネギ	レタス
トマト	ナス	カボチャ	ホウレンソウ
ピーマン	トウモロコシ	ゴボウ	ハクサイ
ブロッコリー	アスパラガス	レンコン	長ネギ

ソラマメ	エダマメ	サヤエンドウ	インゲン
シイタケ	エリンギ	シメジ	タケノコ
ナシ	ミカン	スイカ	モモ
クリ	カキ	リンゴ	ブドウ
イチゴ	メロン		
パイナップル	バナナ		

食材

食材②

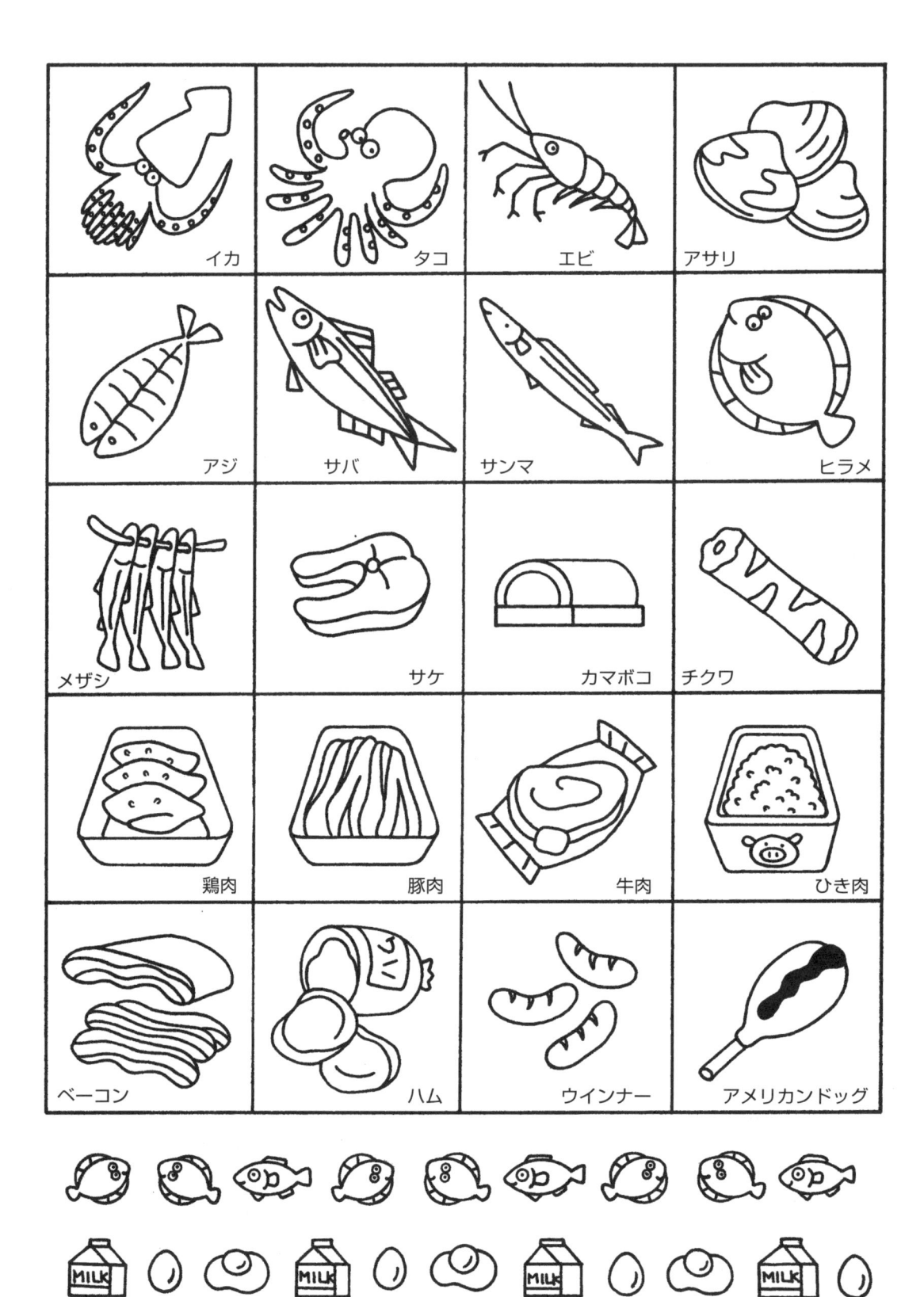

食べ物カードに、お店やさんごっこに

イカ	タコ	エビ	アサリ
アジ	サバ	サンマ	ヒラメ
メザシ	サケ	カマボコ	チクワ
鶏肉	豚肉	牛肉	ひき肉
ベーコン	ハム	ウインナー	アメリカンドッグ

タマゴ	牛乳	ヨーグルト	バター
チーズ	砂糖	塩	しょう油
マヨネーズ	ケチャップ	ソース	小麦粉
納豆	豆腐	味噌	ジャム
食パン	フランスパン		
ロールパン	メロンパン		

食材

メニュー

こんだて表に、お店やさんごっこに

ごはん	みそしる	ふりかけごはん	おにぎり
おいなりさん	のりまき	カツ丼	親子丼
ラーメン	チャーハン	やきそば	スパゲッティ
サンドイッチ	ピザ	ホットドッグ	やさいサラダ
唐揚げ	カレーライス	エビフライ	クリームコロッケ
うどん	日本そば	たこやき	お好み焼き

すし	卵焼き	目玉焼き	おでん
ステーキ	グラタン	コーンスープ	寄せ鍋
ミートボール	ハンバーグ	餃子	シュウマイ
肉じゃが	おひたし	きんぴら	茶碗蒸し
コロッケ	天ぷら		
焼き鳥	冷や奴		

メニュー

イラスト講座 Part 2 自分印(じるし)のはんこを作ろう

オリジナルはんこを作って、おたよりやカードにポン！　はんこひとつで、自分印になりますね。

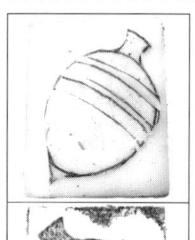

消しゴム
① 好きな大きさにペンでデザインを描く。

② 必要な大きさに消しゴムを切る。

③ 彫刻刀やカッターで彫る。

④ スタンプ台につけてスタンプする。

イモ版
① 3cmくらいの輪切りにする。

② 油性ペンでデザインを描く。

③ ボールペンや釘で彫る。

④ 絵の具をイモに付けてスタンプする。

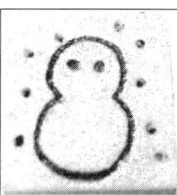

スチロールトレイ
① トレイをカッターでカットする。

② ボールペンでスジを付けて描く。

③ スタンプ台に付けてスタンプする。

発泡スチロール
① ペンでデザインを描く。

② カッターで丁寧にカットする。

③ 曲線は電熱で切る発泡スチロールカッターを使うと簡単。

④ スタンプ台に付けてスタンプする。

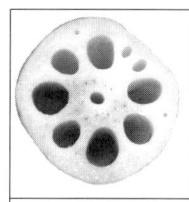

オクラ、レンコン、ピーマンなどの野菜
① 包丁で輪切りにする。

② アクリル絵の具を塗ってスタンプする。

③ あとから、周りにイラストを加えてもよい。

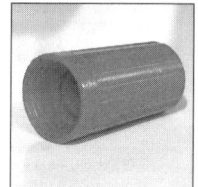

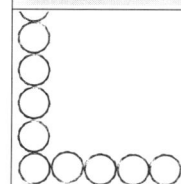

油性ペンのキャップ
どんな素材でもスタンプになる。

① キャップをスタンプ台につけてスタンプするだけ。

② 平らな部分があれば、鉛筆でもペットボトルでもなんでもスタンプになる。

③ 連続してスタンプし、縁などの模様にすると楽しい。

コミュニケーションを深める メッセージカード

お誕生会やクリスマス会などのイベントに、お休みをしている子のお見舞いに、ちょっとしたメッセージを伝えるときに使いたいカードです。いろいろな大きさにコピーして、文章の長さによって使い分けてください。

文章はカードにめいっぱい書かない方がすっきり見えます。

誕生カード

お誕生会を楽しく演出

誕生カードアイディア
子どもたちが心待ちにしている誕生カード。みんな同じではつまらないですね。その子の大好きなもののイラストを組み合わせ、オリジナルカードを作りましょう。

冠の作り方（P.47）
斜線の部分に右の模様を重ねて拡大コピーをします。子どもの頭に合わせてまるく貼り合わせれば、完成。金や銀の紙を貼ったり、シールなどで飾り付けます。

●冠

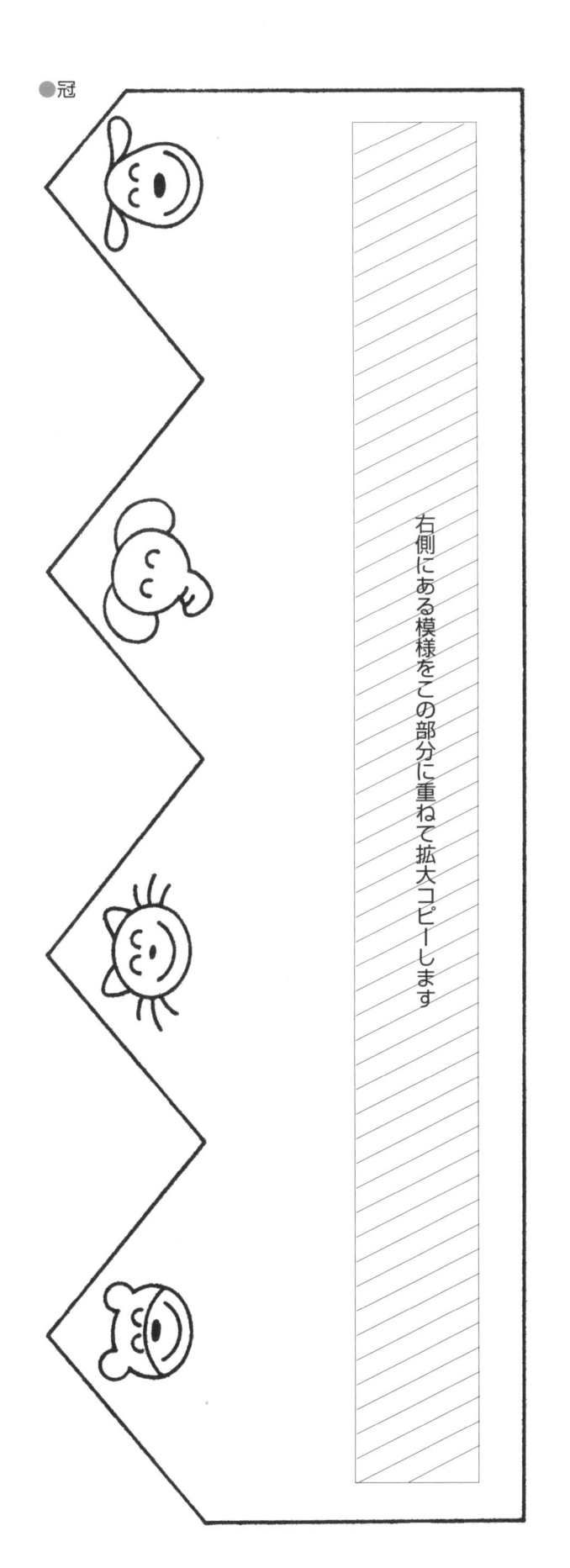

右側にある模様をこの部分に重ねて拡大コピーします

誕 生
カード

メッセージカード

保護者とのコミュニケーションをスムーズに

小さなカードがコミュニケーションのはじまり

「今日はこんなことがありました」「○○をがんばりました」など、気づいたことをひとこと書いて保護者に伝えるようにして、コミュニケーションをまめにとりたいですね。カードはまとめてコピーしてすぐに使えるように用意しておくと便利です。

ひょうしょうじょう

なまえ

メッセージ
カード

暑中見舞い

子どもたちに、夏のおたより

官製ハガキの原寸です。このままコピーして使えます。

4すみにカッターで切りこみをいれると写真立てになりますよ。

夏休み中の子どもたちへ

保育者から自宅に届く自分宛の手紙は、子どもにとって大きな喜びです。そして、そのハガキが自分で手を入れてあそべるものだったら、もっと楽しくなります。色をぬったり、折ったりして楽しめるようにしました。

▼線の通りに折ってみましょう。なにが出てくるかな？

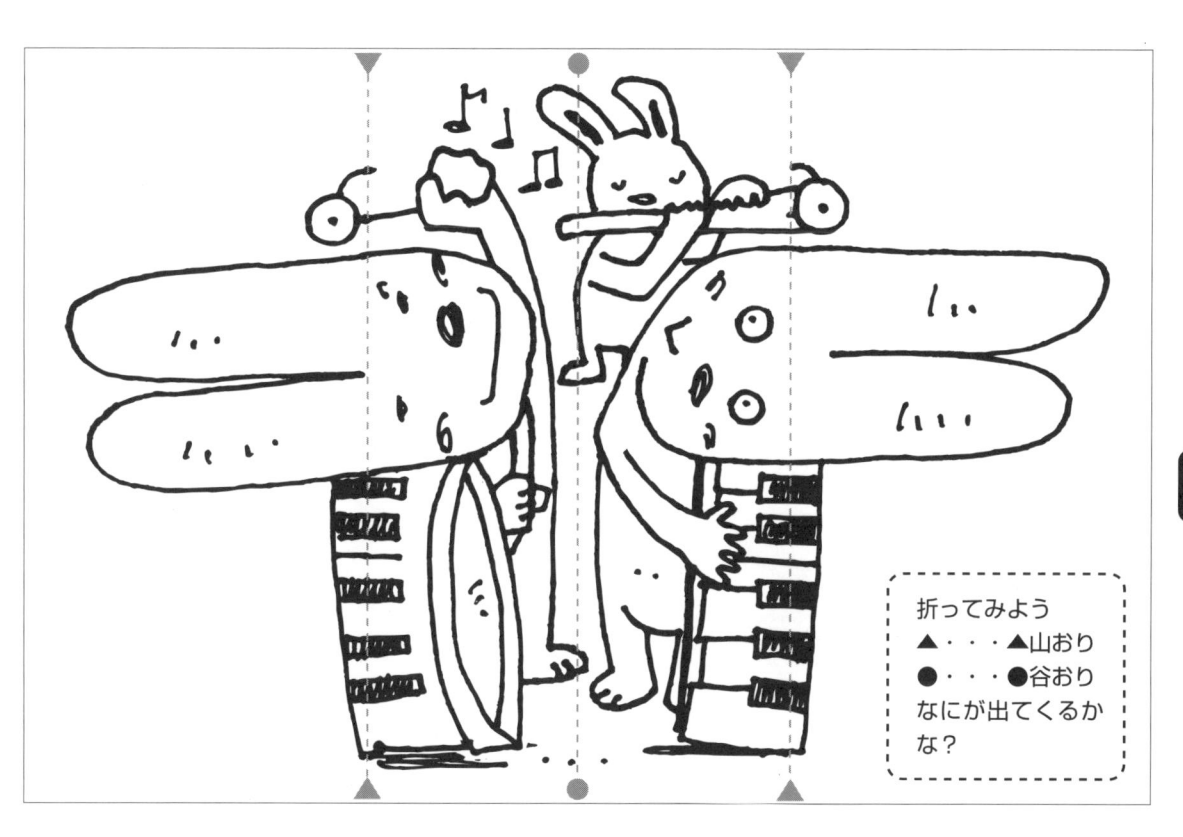

折ってみよう
▲・・・▲山おり
●・・・●谷おり
なにが出てくるかな？

暑中見舞い

クリスマスカード

壁飾りや、シールにも使える

カード以外にもコピーをして色をぬって壁飾りにしたり、プレゼントを包んだときのシール代わりに使ったり、拡大や縮小で変化をつけていろんな場面で使ってください。※文字はP.61にもあります。

Merry X'mas

クリスマスカード

年賀状

オリジナル年賀状を作る

オリジナル年賀状

P.61の文字と干支を組み合わせるだけで、オリジナル年賀状のできあがりです。絵の具でさっと色をつければ、華やかさアップ。P.55は自分なりのアレンジをくわえ、そのまま使える年賀状です。干支を問いません。文字やメッセージを書き込んでコピーして使いましょう。

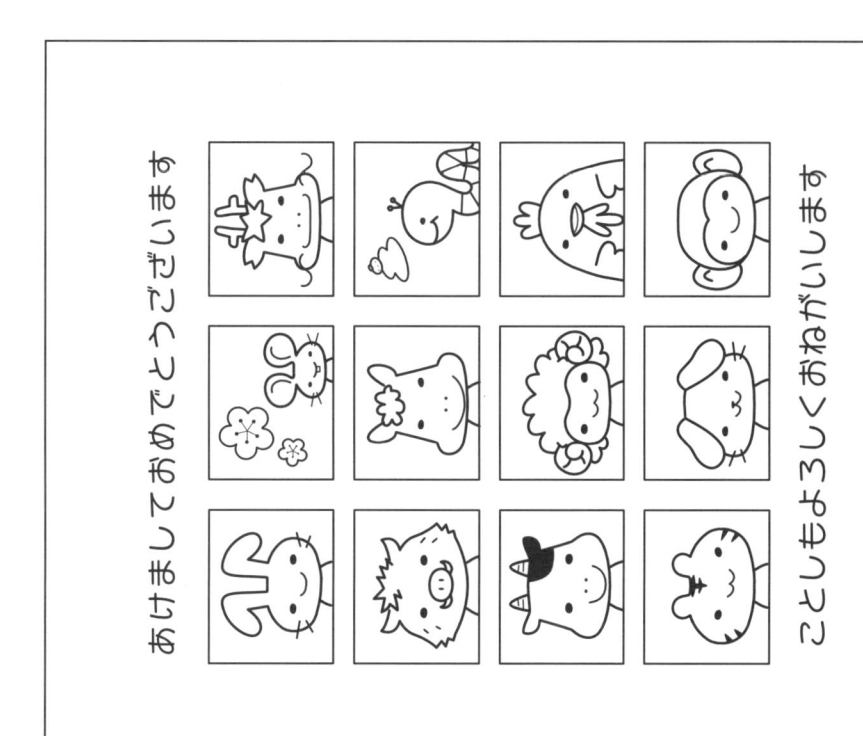

あけましておめでとうございます

あけましておめでとうございます

ことしもよろしくおねがいします

年賀状

カレンダー

切って、貼って、バリエーション多彩

右ページの月が入ります。

P.64〜87の季節のイラストを自由に貼り込んでください。

げつ	か	すい	もく	きん	ど	にち

貼り込んで作ればオリジナルのカレンダーができます。お部屋に飾ったり、縮小して園だよりにも。

▼空いているスペースにP.64〜87の季節のイラストを自由に貼り込んでください。

1がつ	7がつ
2がつ	8がつ
3がつ	9がつ
4がつ	10がつ
5がつ	11がつ
6がつ	12がつ

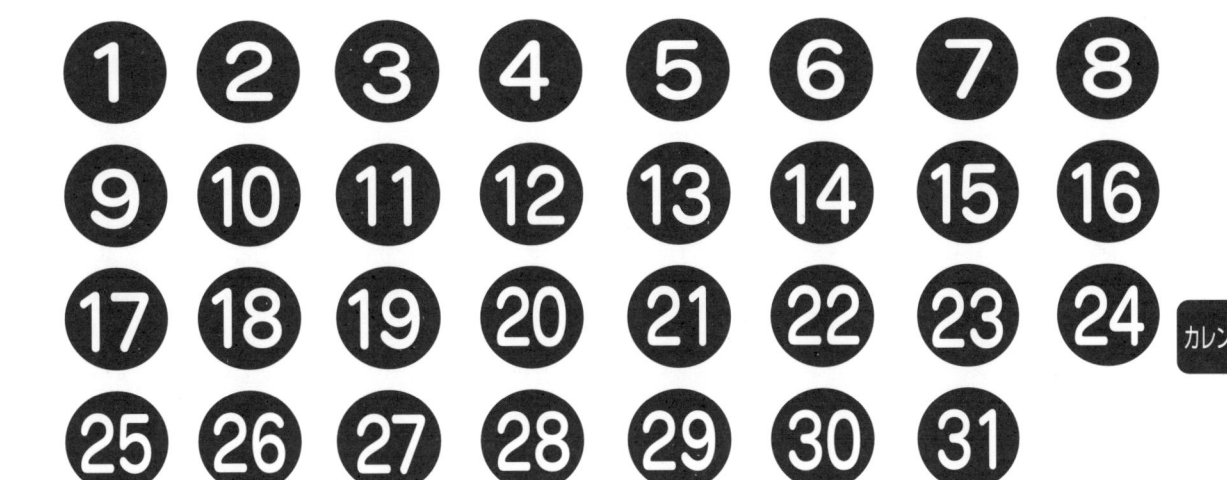

(入園式) (1学期) (2学期) (3学期) (春休み) (夏休み) (冬休み) (お休み) (卒園式)

1 2 3 4 5 6 7 8
9 10 11 12 13 14 15 16
17 18 19 20 21 22 23 24
25 26 27 28 29 30 31

カレンダー

デザイン文字① 文字も絵になる

あいうえお かきくけこ さしすせそ たちつてと アイウエオ カキクケコ サシスセソ タチツテト がざだばぱ ぁぃぅぇぉ ゃゅょ ャュョ っッ

1 2 3 4 5 6 7 8 9 10 11

わをんわちゃんヲン
マミムメモヤユヨラリルレロ
まみむめもやゆよらりるれろ
ナニヌネノハヒフヘホ。
なにぬねのはひふへほ『』

デザイン文字

デザイン文字② おたよりやカードに

ようちえん　ほいくえん
ぐみ　　　　クラス
せんせい　おともだち
おはようございます
こんにちは　さようなら
いただきます　ごちそうさま
ありがとうございます
ごめんなさい
園だより
えんだより
クラスだより
今月の予定　ぐみ　ぐみ
こんげつのよてい

おしらせ　お知らせ

おとしもの　おねがい

てをあらいましょう

しょちゅうおみまい
もうしあげます

あけまして
おめでとうございます

A Happy New Year

メリークリスマス

おたんじょうび
おめでとう！

Merry Christmas

がつ　　にち　　ようび

にち げつ か すい もく きん ど

なまえ　　　　　　　さい　　かげつ

はる　なつ　あき　ふゆ

デザイン文字

イラスト講座 Part 3 いろんな素材に描いてみよう

どんな画材が合うのかな？

木片

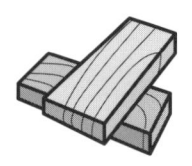

水彩絵の具で塗る。
ニスを塗り光沢を出す。
※材は必ずサンドペーパーでやすりをかけること。

布

アクリル絵の具を使う。画用紙などで型紙を作っておくときれいに描ける。

ガラス

油性の透明マーカーで描く。ニスを塗ると保護され、はがれにくくなる。

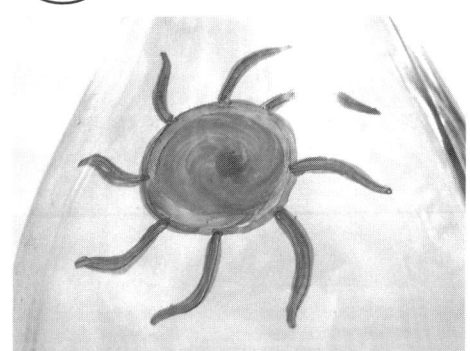

石

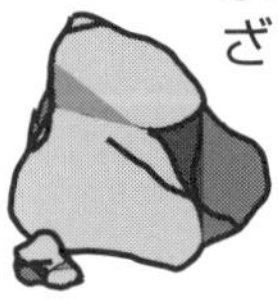

水性の不透明マーカーで描く。ざらざらした質感を活かす。

※石はきれいに洗って乾かしてから使う。

季節感あふれる 月別イラスト

その月の自然物、行事のイラスト、おたよりに使える飾り罫を用意しました。コピーして切り貼りすると、あっという間におたよりが完成します。

4月

おしらせ

4月

5月

5月

もちもの

5月

6月

今月の
よてい

6月

7月

プールが始まります

7月

8月

夏休みの
よてい

Summer!

Pati Pati

Rin Rin

8がつ

8月

9月

始業式は　月　日です

9月

10月

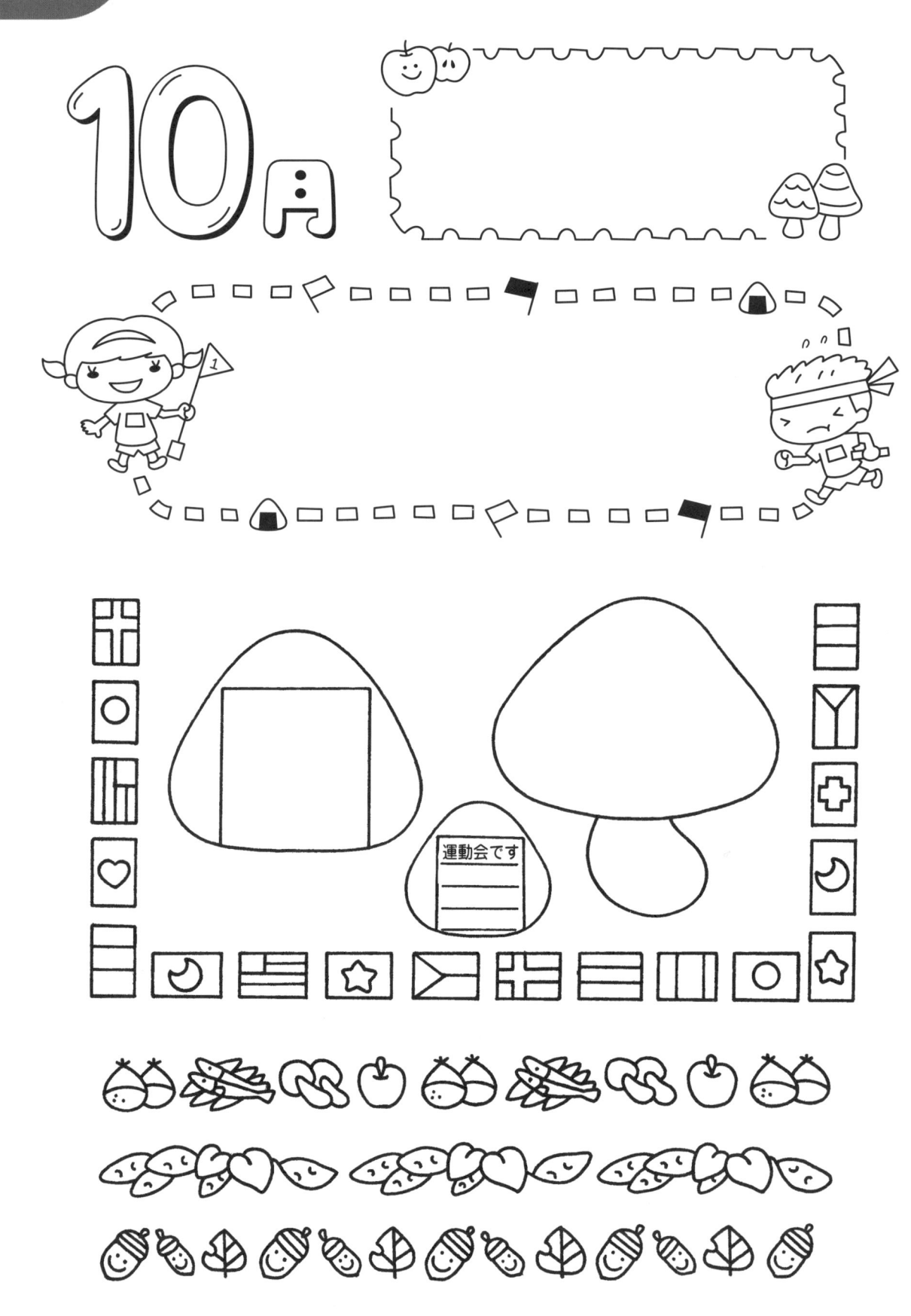

運動会です

よーい ドン！

Pi Pi Pi

Book フム フム

10がつ

11月

11月

風邪に注意

11月

12月

こんだん会の
おしらせ

12月

1月

今年も
よろしく
お願いします

1月

2月

おねがい

2月

3月

そつえんしき

3月

イラスト講座 Part 4 体を使って描いてみよう

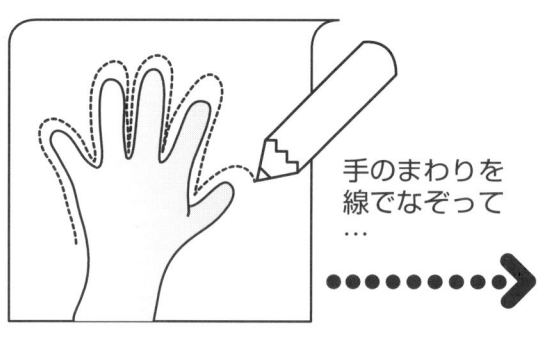

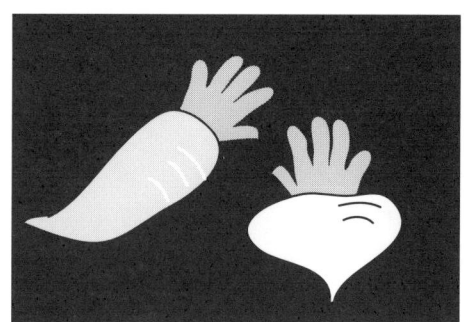

手のまわりを線でなぞって…

→ 野菜を描く。

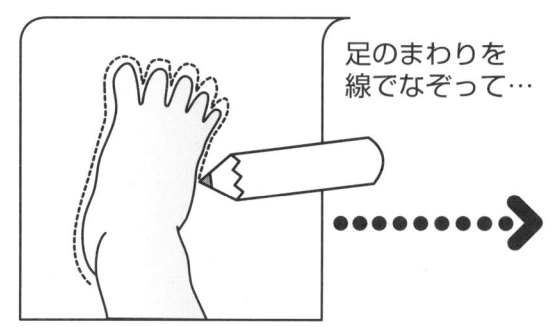

足のまわりを線でなぞって…

→ さかなを描く。

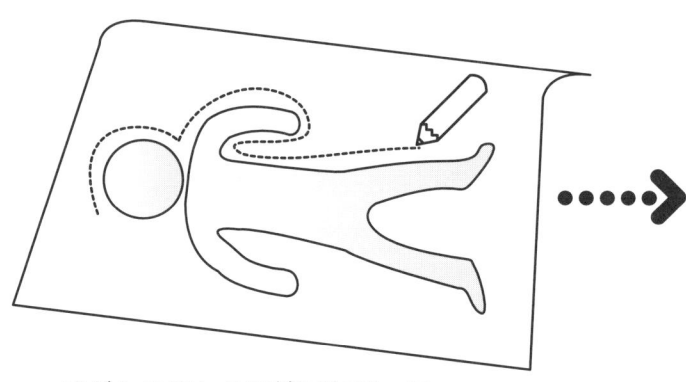

子どものまわりを線でなぞって、はさみで切り取って等身大の人形を作ろう！

目、鼻、髪の毛、指、着ている洋服など、楽しく絵を描いてみよう。

Part 5 描けないと悩んでいる人のためのおたすけ講座
こうすればうまくかける！

「絵が苦手」「なんか、うまく描けない」と悩んでいる先生、ちょっとしたコツを知って、「私にも描ける」という自信をつけてください。アドバイスを参考に、まずは手を動かしてみましょう。レッツ、トライ！

STEP1 子どもの顔

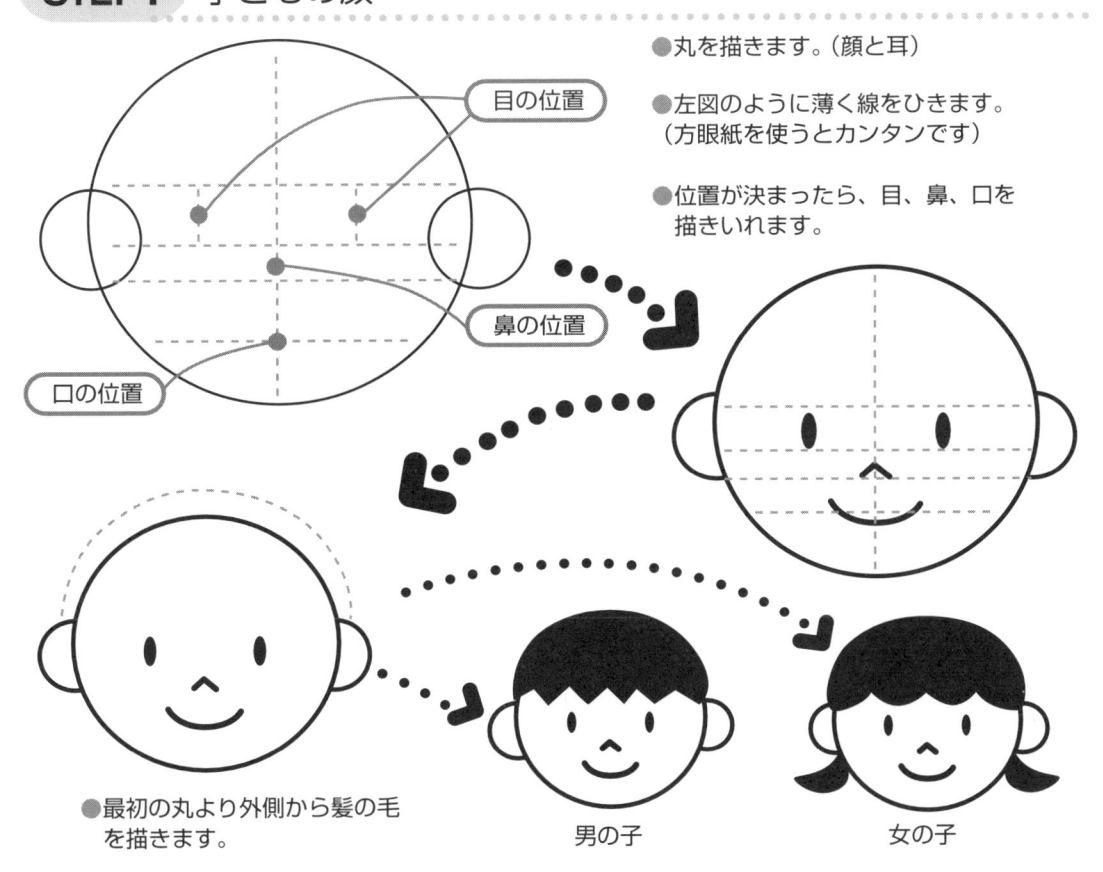

- 丸を描きます。（顔と耳）
- 左図のように薄く線をひきます。（方眼紙を使うとカンタンです）
- 位置が決まったら、目、鼻、口を描きいれます。

目の位置
鼻の位置
口の位置

- 最初の丸より外側から髪の毛を描きます。

男の子　　女の子

STEP2 表情を変えてみましょう

喜ぶ　　怒る　　悲しむ　　楽しむ

イラスト講座 Part 6 人の体を描いてみよう

STEP1 子どもの体

- 基本はまず骨組みを描きます。
- そしてそこに肉づけします。
- 頭部と体のバランスを変えると、赤ちゃんから大人まで描くことができます。

STEP 2　足に変化をつけるだけで動きがでる

【歩く】

●両足が地面に着いている。

【走る】

●片足が地面から離れている。

【しゃがむ】

●おしりとかかとをつける。

【ジャンプ】

●腕、手の表情も肝心。

STEP 3　いろいろなポーズ

【階段を上る】

【踊る】

【寝る】

イラスト講座 Part 7 動物を描いてみよう

STEP 1 丸から動物の顔を描く（P.24～25の動物参照）

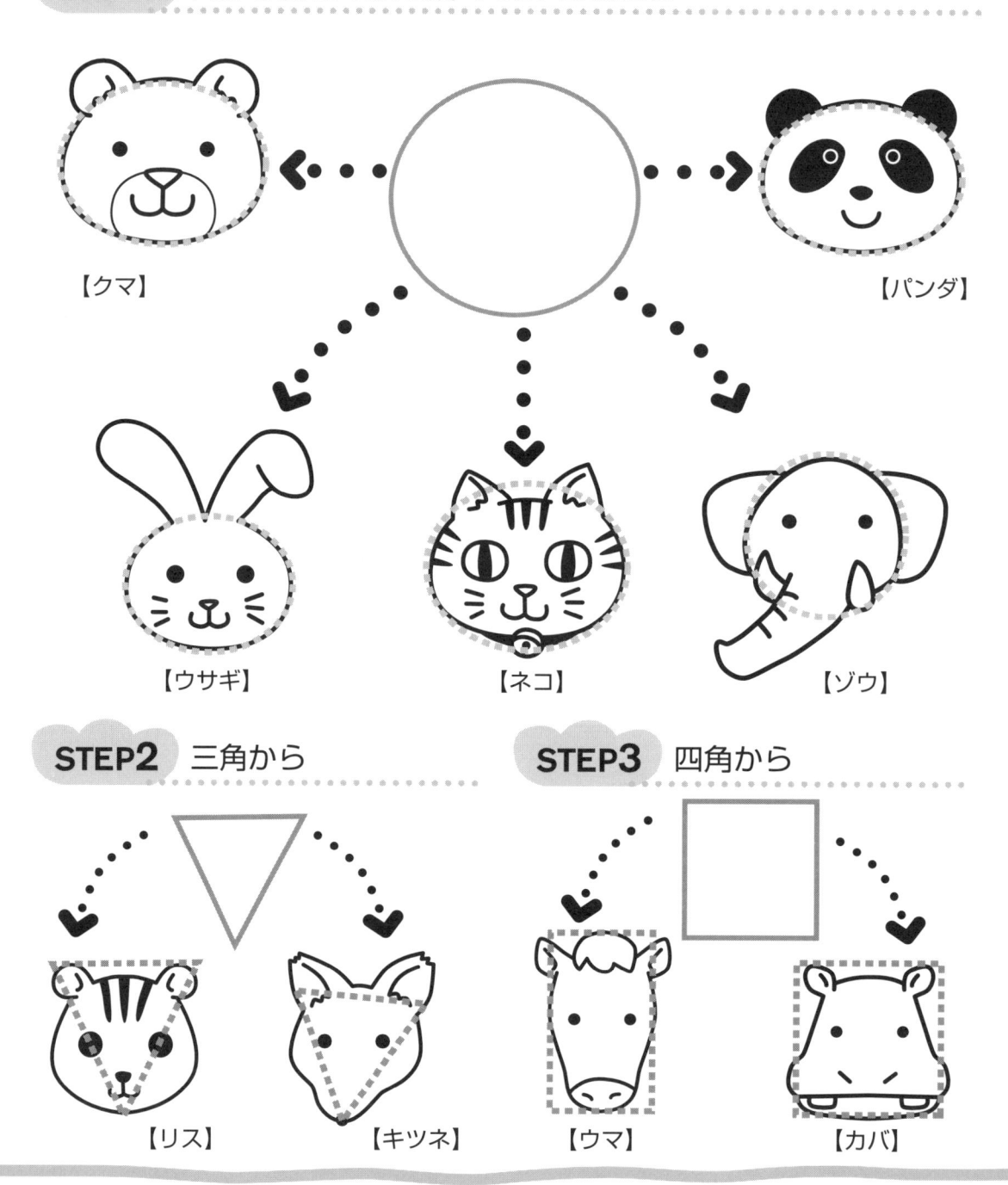

【クマ】 【パンダ】

【ウサギ】 【ネコ】 【ゾウ】

STEP 2 三角から

【リス】 【キツネ】

STEP 3 四角から

【ウマ】 【カバ】

STEP 4　動物の全身

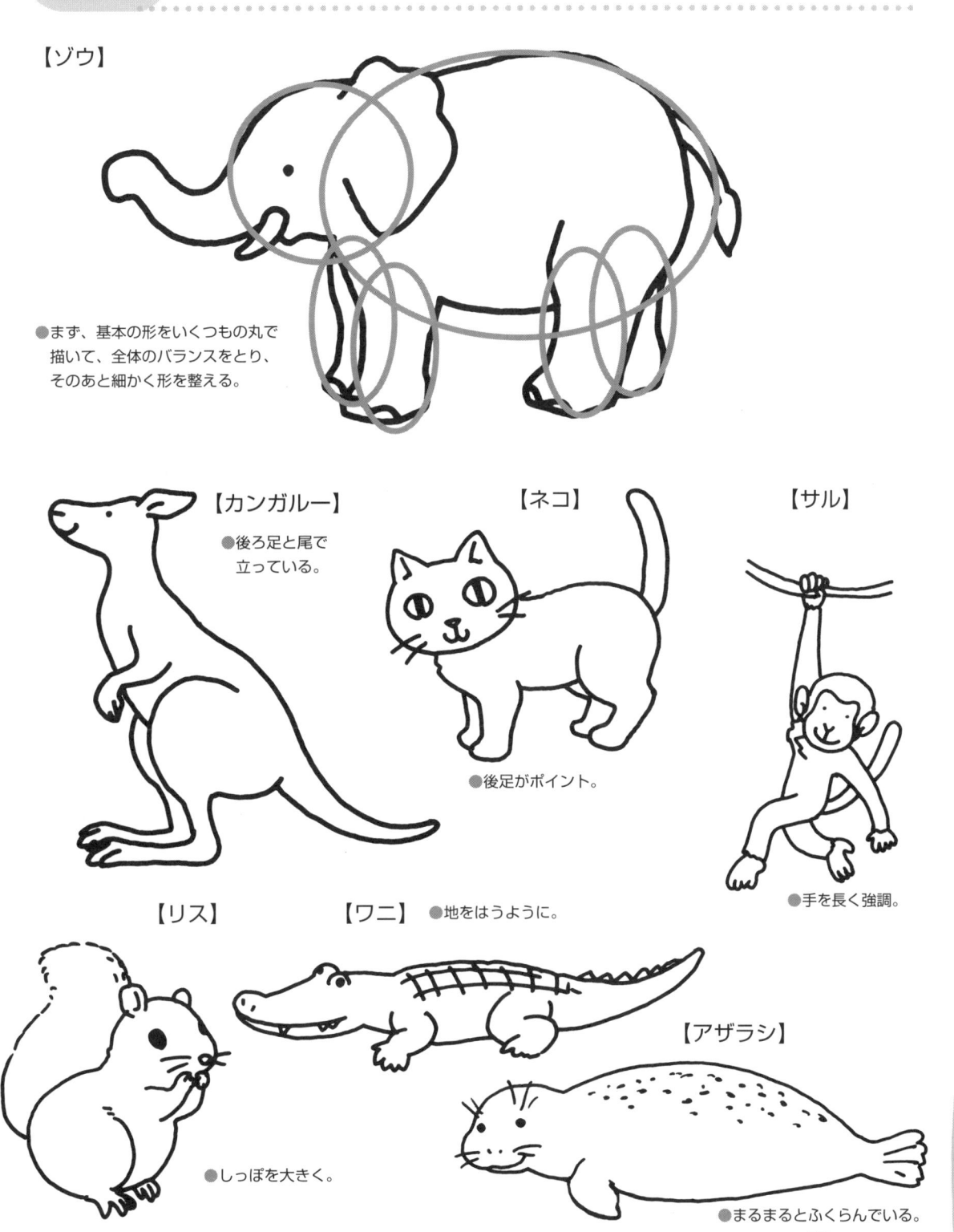

【ゾウ】

●まず、基本の形をいくつもの丸で描いて、全体のバランスをとり、そのあと細かく形を整える。

【カンガルー】
●後ろ足と尾で立っている。

【ネコ】
●後足がポイント。

【サル】
●手を長く強調。

【リス】
●しっぽを大きく。

【ワニ】　●地をはうように。

【アザラシ】
●まるまるとふくらんでいる。

この本に載ったイラストの作者のプロフィールと
保育者のみなさんへのはげましメッセージです

イラストレーター紹介

河合美穂
P.6〜19

1974年生まれ。女子美術短期大学情報デザイン専攻卒業。「2000年記念広島電鉄後援どうぶつイラストコンテスト」入選。かわいくて、ほのぼのした気持ちになれる作品作りを目指しています。動物を描くのも好きです。皆さんも楽しんで描いてみてください。

連絡先
e-mail artmiho1@ybb.ne.jp

河村まこと
P.26〜35　P.50、51、58、59、65、67、69、71、73、75、77、79、81、83、85、87

僕は先生にほめられて絵が好きになりました。ですから子ども達をほめてあげてください。たぶん世の中にへたくそな絵などなく、面白い絵のことを、たまにそう言ってるだけなんです。写真みたいな絵は描ける人にまかせて、保育士さんも自分の絵を楽しんでください。

連絡先
e-mail m_kototo@ybb.ne.jp

宿谷フミコ
P.5、23、45、63　P.26〜31
P.65、67、69、71、73、75、77、79、81、83、85、87

セツ・モードセミナー卒業。フリーのイラストレーターとして活動中。今回は子どもの頃の記憶を思い出したり図鑑をめくっては感心しながら楽しく描かせていただきました。そんな思いが伝わっていれば嬉しいです。皆様も楽しみながら描かれるのが一番だと思いますよ！

連絡先
http://www.geocities.jp/syfumi/

スミタ リョウコ

P.36、37、54、55、64、66、68、70、72、74、76、78、80、82、84、86

まだまだ新米のイラストレーターです。とっても楽しく描かせていただきました。色々と活用していただけると嬉しいです！上手くなくても楽しい、素敵な絵は描けると思います。絵はちょっと苦手…という先生も、自信を持ってたくさん描いてみてください！

連絡先
http://sumiryo.cool.ne.jp/

はせ ちゃこ

P.24、25、52、53、56、57、60、61
P.89～93

小さい頃から絵を描くのが大好きでした。ほめられると嬉しくてさらに描きました。まずは描くことを楽しんでください！！ どうしても描けないと立ち止まってしまったときは描くものを、じぃ～っと見つめてみてください。いままで気がつかなかった何かが見えてきて描きたい気持ちになりますよ。

連絡先
e-mail achami88@ybb.ne.jp

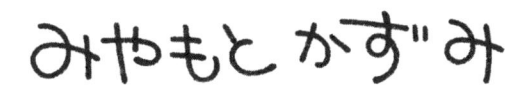

みやもと かずみ

P.20、21　P.38～43　P.46～49
P.64、66、68、70、72、74、76、78、80、82、84、86

こんにちは。明るく元気で楽しいイラストが大好きです。
本書を楽しくお役立ていただけましたら嬉しいです。
絵の苦手な先生もいらっしゃるとか…。何枚もたくさん描き続けていると自然に上達していかれると思います。頑張ってみてください。

連絡先
http://www3.ocn.ne.jp/~pagemiya/

山添 joseph 勇

P.22、44、62、88

2000年東京造形大学卒業。
東京都世田谷区『深沢アート研究所』のこども造形教室代表。
定期的に国内外でこども造形ワークショップを行う。素材をテーマにしたインスタントレーションなどを活動とする美術作家。

連絡先
http://www.hukalabo.com

編著者紹介

グループこんぺいと
幼・保・小の教師9人が集まって、保育現場を持ちながら企画編集する会社を設立。神奈川県相模原市に子どものスペースを持つ。2005年春に東京都世田谷区等々力に、子どもがクッキングをしたりごはんを食べたりする「台所のある幼児教室」をオープン。

「台所のある幼児教室」
東京都世田谷区等々力 3-13-2
http://www.compeito.jp

グループこんぺいと代表・菅野満喜子
幼児園教諭、電話相談員、出版社勤務を経て、グループこんぺいと設立。神奈川県横浜市在住。

編集協力：斉藤明美（グループこんぺいと）
　　　　　小杉皓男
レイアウト：長谷川あさ
協力：北村治子

園だより・クラスだよりが楽しくなる
イラストコレクション BEST 1198

2005年2月1日　初版発行

編著者　　グループこんぺいと
発行者　　武馬久仁裕
印　刷　　株式会社　太洋社
製　本　　株式会社　太洋社

発行所　　株式会社　黎明書房

〒460-0002　名古屋市中区丸の内3-6-27 EBSビル
☎052-962-3045　FAX.052-951-9065　振替・00880-1-59001
〒101-0051　東京連絡所・千代田区神田神保町1-32-2
南部ビル302号　☎03-3268-3470

落丁本・乱丁本はお取替いたします。　ISBN4-654-06081-2

Ⓒ Group Compeito 2005, Printed in Japan